Felix Tolles (Hg.)
Was der Seele Flügel gibt

W0054242

Felix Tolles (Hg.)

Was der Seele Flügel gibt

Texte, zum Innehalten

Kaufmann Verlag

Bibliografische Information Der Deutschen Bibliothek

Die Deutsche Bibliothek verzeichnet diese Publikation
in der Deutschen Nationalbibliografie; detaillierte bibliografische
Daten sind im Internet über http://dnb.ddb.de abrufbar.

1. Auflage 2012
©2012 Verlag Ernst Kaufmann, Lahr
Bibeltext: Lutherbibel 1912, mit „nach" gekennzeichnete Texte
sind Übertragungen des Hg.
Umschlagabbildung: © Jaroslaw Grudzinski, Fotolia.com
Druck und Bindung: CPI books, Ulm
ISBN 978-3-7806-3125-1

Inhalt

Liebe
Gott ist die Liebe; und wer in der Liebe bleibt,
der bleibt in Gott und Gott in ihm.

Freude
Ich will nicht aufhören, dem Leben Farbe zu geben,
damit die Welt froher und bunter wird.

Dankbarkeit
Ich danke Gott und freue mich!

Hoffnung

Denn dies ist der Anfang. Die Welt ist jung und gesegnet wie am ersten Tag der Schöpfung.

Vorwort

Weiß ich mein Leben geborgen in Gottes Hand, habe ich eine Basis, der ich vertrauen kann. Auch in schwierigen Zeiten darf ich vertrauen, dass ich gehalten werde. Wenn ich wanke, so darf ich darauf vertrauen, dass ich gestützt werde. Wenn ich falle, darauf, dass mir jemand aufhilft. Dieses Vertrauen ermöglicht es mir, anderen zu vertrauen. Ich kann sagen: Ich vertraue dir, weil ich selbst vertraue.

Als Christen glauben wir in besonderer Weise an einen liebenden Gott. An einen Gott, dem wir wichtig sind, den wir etwas angehen. Durch die bedingungslose Liebe Gottes kann ich mich als geliebten Menschen verstehen. Unabhängig von meinem Erfolg, meiner Stellung, ja sogar unabhängig von der Liebe anderer Menschen zu mir. Weil ich mich gehalten weiß in der Liebe Gottes, fällt es mir leichter, meinen Mitmenschen in Liebe zu begegnen. Ich kann mit meiner Liebe verschwenderischer umgehen, sie verschenken.

Wenn ich mein Leben nicht selbstverständlich, sondern als aus Gottes Hand empfangen verstehe, darf ich mich darüber freuen wie über ein Geschenk. Nichts ist selbstverständlich. Ich bin nicht selbstverständlich. Mache ich mir das immer wieder bewusst, kann ich mich über Alltägliches stets aufs Neue freuen.

Nichts als selbstverständlich anzusehen, bedeutet für mich auch, dankbar zu sein. Ich kann dankbar sein für einen neuen Tag, dankbar sein, für das, was mir begegnet. Dankbarkeit ist für mich einer der Schlüssel zur Lebensfreude.

Es gibt jedoch auch Momente, in denen kann mir all das nur ein schwacher Trost sein. Momente, in denen ich verzweifle, in denen ich meinen Halt verliere, Gott anklage. Durch meinen Glauben aber darf ich dennoch hoffen, dass diese Welt eines Tages zum Guten verwandelt wird.

Mögen Ihnen diese Texte helfen, dem Wesentlichen in Ihrem Leben Raum zu geben, damit ihre Seele (wieder) Flügel bekommt.

Felix Tolles

Vertrauen

Vertrauen,
an einen glauben,
der vertraut.

Von guten Mächten

Von guten Mächten treu und still umgeben,
behütet und getröstet wunderbar,
so will ich diese Tage mit euch leben
und mit euch gehen in ein neues Jahr.

Noch will das alte unsre Herzen quälen,
noch drückt uns böser Tage schwere Last.
Ach Herr, gib unsern aufgeschreckten Seelen das Heil,
für das du uns geschaffen hast.

Und reichst du uns den schweren Kelch, den bittern
des Leids, gefüllt bis an den höchsten Rand,
so nehmen wir ihn dankbar ohne Zittern
aus deiner guten und geliebten Hand.

Doch willst du uns noch einmal Freude schenken
an dieser Welt und ihrer Sonne Glanz,
dann wolln wir des Vergangenen gedenken,
und dann gehört dir unser Leben ganz.

Lass warm und hell die Kerzen heute flammen,
die du in unsre Dunkelheit gebracht,
führ, wenn es sein kann, wieder uns zusammen.
Wir wissen es, dein Licht scheint in der Nacht.

Wenn sich die Stille nun tief um uns breitet,
so lass uns hören jenen vollen Klang
der Welt, die unsichtbar sich um uns weitet,
all deiner Kinder hohen Lobgesang.

Von guten Mächten wunderbar geborgen,
erwarten wir getrost, was kommen mag.
Gott ist bei uns am Abend und am Morgen
und ganz gewiss an jedem neuen Tag.

Dietrich Bonhoeffer

Die Grundlage fürs Leben

Wenn du bereit bist zu glauben, wird deine Welt größer, und im Vertrauen auf viele Kräfte, von denen du weißt, kannst du vertrauen, auch wo du nichts siehst.

Du kannst deiner Sache sicher sein, auch wenn du keine Beweise hast.

Du siehst offenen Auges in eine Welt der unübersichtlichen Tatsachen und weißt dabei, dass du geführt wirst.

Du kannst darauf vertrauen, dass dein Leben gelingen und zu einem guten Ende führen wird, auch wenn du das nicht erzwingen kannst.

Denn dein Glaube ist nicht der Traum, der dir dein Leben leichter macht, sondern die Grundlage für ein Leben, das diesen Namen verdient.

Glauben heißt, im Schutz einer Macht zu stehen, die wir Gott nennen.

Jörg Zink

Gott ist Leben

Wer an Gott glaubt, ist frei.
Er braucht nichts zu sein,
was er nicht ist,
nichts zu zeigen,
was er nicht hat,
und nichts zu leisten,
was er nicht kann.
Er braucht Tod und Schwachheit
nicht zu leugnen.
Er ist in der Angst nicht verlassen.
Wer an Gott glaubt, kann leben.

Jörg Zink

Josef

Von den Eigenen
verraten,
verkauft.
Mit Lügen gestraft,
in den Abgrund
gestoßen.

Treu bleiben,
das große Dennoch
sprechen
und
ein geliebtes,
liebendes Kind
bleiben.

Vertrauen,
an einen glauben,
der vertraut.
Vergeben.

Ist groß –
möglich.

Felix Tolles

Ich glaube an dich!

Und als sie nach Golgatha kamen, kreuzigten sie ihn und die zwei anderen, einen zur Rechten und einen zur Linken von Jesus.

Jesus aber sprach: „Vater, vergib ihnen, sie wissen nicht, was sie tun!"

Und sie teilten seine Kleider und losten darum. Und das Volk stand dabei und sah zu. Und sie verspotteten Jesus und sprachen: „Er hat anderen geholfen; er soll sich selber helfen, wenn er der Christus ist, der Auserwählte Gottes."

Auch einer von den Zweien, die mit ihm hingerichtet wurden, verspottete ihn und sagte: „Bist du Christus, so hilf dir selber und uns!"

Der andere aber sagte diesem: „Hast du keine Ehrfurcht vor Gott, wo du doch bald dem Nichts im Tod gegenüberstehen wirst? Uns geschieht Recht, denn wir bekommen, was wir aufgrund unserer Taten verdient haben. Jesus aber hat nichts Ungerechtes getan." Und er sprach zu Jesus: „Mein Gott, denk an mich, wenn du in dein Reich kommst! Ich glaube an dich!"

Und Jesus antwortete ihm: „Heute noch wirst du mit mir im Paradies sein!"

Und um die Mittagszeit verdunkelte sich der Himmel und es wurde finster. Drei

Stunden dauerte die Finsternis an, der Vorhang des Tempels zerriss, und Jesus rief laut: „Vater, ich befehle meinen Geist in deine Hände!"

Und als er das gesagt hatte, starb er.

Ein Hauptmann aber, der alles gesehen hatte, lobte Gott und sagte: „Es ist wahr! Dieser Mensch ist wirklich Gottes Sohn gewesen!"

Nach Lukas 23,32–47

Wir können nur glauben, nicht wissen

Im Übrigen ist auch Jesus – zumindest äußerlich – ein Gescheiterter. Das steht im ersten Kapitel des Johannesevangeliums. „Er kam in sein Eigentum und die Seinigen nahmen ihn nicht auf."

Ich bin überzeugt: Er hatte gehofft, dass die Menschen sich bekehren. Wir tun uns immer wieder schwer, Jesus auch als Menschen zu sehen.

Als ich einmal bei einer Kranken war und auf Jesus verweisen wollte, zeigte sie aufs Kreuz und sagte: „Was wollen Sie denn? Der hat doch gewusst, dass in drei Tagen wieder alles vorbei ist."

Da ist in der Katechese wohl einiges schief gelaufen. Jesus hat nur eines gehabt am Ende: „Vater, in deine Hände lege ich meinen Geist." (Lk 23,46)

Das Vertrauen, dass Gott ihn nicht bei den Toten lassen würde, war kein Wissen, schon gar nicht ein Vorherwissen. Es war ein Glauben, ein Vertrauen. Da komme man auch nicht mit der Theorie: „Er war doch Gott und hat alles vorausgewusst."

Dieser Gott ist Mensch geworden, das ist das Entscheidende. Und auch an seinem Leiden sehen wir, was das heißt: Mensch werden.

Notker Wolf

19

Nichts ist sicher

Wer sein Leben erhalten will, wird es verlieren. Wer es jedoch verliert, wird es erhalten.

Lukas 17,33

Die Angst treibt Menschen dazu, lauter „Sicherheits-Pakete" zu schnüren: Ich sorge vor, damit es mir später besser geht. Ich versuche, bei allen beliebt zu sein und zahllose Freunde zu haben. Ich gehe auf bewährten Wegen. Ich versichere mich gegen alle Eventualitäten.

Wirklich lebendig bin ich jedoch erst, wenn ich immer wieder bereit bin, ein Wagnis einzugehen und neue Wege zu gehen: Ich muss nicht stets erfolgreich sein und andere auf die hinteren Plätze verbannen. Ich muss nicht stets die Kontrolle über alles haben. Ich darf anderen vertrauen. Ich darf teilen. Ich darf loslassen. Ich darf mich überraschen lassen. Und plötzlich stelle ich fest: Wer vertraut, wird reich beschenkt, wenn auch oft anders als erwartet.

Rainer Haak

Wir sind Kinder Gottes

Aus der Psychologie wissen wir, dass das sogenannte Urvertrauen immer dann in der Seele eines Kindes verankert wird, wenn es in seinen ersten Jahren auf Erden Liebe und Zuwendung erfährt.

So können wir als Kinder Gottes sagen: Wir sind im Grunde sicher, dass Gott uns immerfort liebt und nicht verlässt. Im Grunde – das blendet keineswegs aus, dass wir Angst haben, dass wir zweifeln, dass wir uns verlassen fühlen.

In Momenten, in denen es dunkel um uns wird, ist die Gelassenheit, die Gott gibt, das Vertrauen darauf, dass er letztlich da sein wird, eher Hoffen und Glauben, als Sehen und Fühlen.

Manchmal fühlen wir uns schuldig. Unsere kleinen Fehler sind anderen oft eine große Last. Manchmal richten wir sogar Schaden an, ohne es zu wollen oder gar zu wissen. Wir können es manchmal nicht vermeiden, unsere Nächsten zu verletzen.

Das ist es, warum wir Vergebung brauchen. Nicht einmal kurz mit dem Liebesschwamm gewischt und schon ist alles gut. Vergebung brauchen wir, weil uns als Menschen die Liebe Gottes nicht davor schützt, falsch zu gehen.

Im Vertrauen allerdings auf Gottes Liebe wissen wir: Wir bleiben geliebt und wir können neu anfangen, weil wir geliebte Kinder Gottes sind und bleiben; weil wir wissen, dass Gottes Liebe und Gottes Gnade unauflöslich zusammengehören.

Eckhard Nagel und Katrin Göring-Eckardt

Stille zu Gott

Meine Seele sei stille zu Gott, der mir hilft.

Denn er ist mein Hort, meine Hilfe, mein Schutz, daß mich kein Fall stürzen wird, wie groß er ist.

Wie lange stellt ihr alle einem nach, daß ihr ihn erwürget – als eine hängende Wand und zerrissene Mauer?

Sie denken nur, wie sie ihn dämpfen, fleißigen sich der Lüge; geben gute Worte, aber im Herzen fluchen sie.

Aber sei nur stille zu Gott, meine Seele; denn er ist meine Hoffnung.

Er ist mein Hort, meine Hilfe und mein Schutz, daß ich nicht fallen werde.

Bei Gott ist mein Heil, meine Ehre, der Fels meiner Stärke; meine Zuversicht ist auf Gott.

Hoffet auf ihn allezeit, liebe Leute, schüttet euer Herz vor ihm aus; Gott ist unsre Zuversicht.

Aber Menschen sind ja nichts, große Leute fehlen auch; sie wiegen weniger denn nichts, so viel ihrer ist.

Verlasset euch nicht auf Unrecht und Frevel, haltet euch nicht zu solchem, das eitel ist; fällt euch Reichtum zu, so hänget das Herz nicht daran.

Gott hat ein Wort geredet, das habe ich etlichemal gehört: daß Gott allein mächtig ist.

Und du, HERR, bist gnädig und bezahlst einem jeglichen, wie er's verdient.

Psalm 62

Eine Tür zum Himmel

Jesus Christus eröffnet neue Gottesbeziehungen und Gotteserfahrungen.

Nachfolge heißt deshalb für uns Christenmenschen: Weil wir gewiss sind, dass Jesus Christus uns die Tür zu Gott und dem Gottesreich geöffnet hat und offen hält, deshalb können auch wir durch unser Reden und Handeln Türen öffnen für unsere Mitmenschen.

Das bezeugt uns der Seher Johannes in seinem Buch der Offenbarung: Der erhöhte Christus, der Heilige und Wahrhaftige, spricht: „Siehe, ich habe vor dir eine Tür aufgetan und niemand kann sie zuschließen." Gottes Geist erhalte unseren Erdenherzen bei allem, was uns in diesem Leben widerfährt, diese Gewissheit: Uns steht die Tür zum Himmel offen.

Wir können das Gottesreich schon hier und schon jetzt erfahren. Mit dieser Gewissheit inspiriere der Geist Gottes unser Reden und Handeln, dass auch wir Lebenstüren und Herzenstüren öffnen für unsere Mitmenschen.

Nikolaus Schneider

So bin ich nur als Kind erwacht

So bin ich nur als Kind erwacht,
so sicher im Vertraun,
nach jeder Angst und jeder Nacht,
dich wieder anzuschaun.

Ich weiß, sooft mein Denken misst,
wie tief, wie lang, wie weit –:
du aber bist und bist und bist,
umzittert von der Zeit.

Rainer Maria Rilke

Transzendenz

Warum bin ich hier? Hat mein Leben Sinn im Angesicht der Vergänglichkeit? Einmal wird diese Frage kommen. Für manche überraschend, aus heiterem Himmel, für andere als Begleiterscheinung einer heftigen Lebenskrise.

Natürlich schweigt das Universum wieder und das Lesen im Kaffeesatz ist auch keine echte Alternative. Es besteht also wenig Hoffnung, so nebenher eine Generalantwort zu erhalten. Man ahnt schon, da muss man mühsam eine persönliche Antwort finden.

Wenn wir gerade himmlische Zeiten erleben, dann drücken wir uns vor diesen beunruhigenden Fragen so gut es eben geht. Bis jetzt ist doch alles gut gegangen, so wird es hoffentlich weitergehen und der Tod ist noch weit weg. Wir bewegen uns in den Grenzen unserer psychologischen Veranlagungen und das heißt: Es gibt so viel zu wünschen und zu wollen, zu machen und zu erleben, dass weder Energie noch Zeit übrig bleiben, das leidige Thema Sinnsuche genauer zu betrachten.

Doch gerade im Zenit des Erfolges und Schaffens verlässt uns oft die Freude am Dasein und wir verspüren eine unerklärliche

Unruhe. Wir würden das Hamsterrad gern anhalten und aussteigen. Die Frage nach dem Sinn bekommt eine bohrende Intensität. Was gibt es da außerhalb unserer kleinen, gut eingerichteten Welt? Es darf doch nicht wahr sein, dass wir nicht Herr im eigenen Haus sind, dass Psyche und Gehirn uns sagen, wo es langgeht in unserem Leben. Da begehrt etwas auf in uns und protestiert voller Trotz und Widerspruchsgeist: Wir fühlen, dass wir solche Grenzen überschreiten können und müssen.

Nennen wir ihn Transzendenz, diesen Raum der Möglichkeiten, jenseits des persönlichen Lustgewinns. Die Transzendenz beginnt da, wo unser Egoismus endet.

Ein Satz Viktor E. Frankls lässt uns aufhorchen: Der Mensch ist da Mensch, wo er sich selbst vergisst, wo er hingeordnet auf etwas oder jemanden eine Aufgabe gestaltet, einen Menschen liebt oder Gott dient.

Menschen sind Wesen, die nicht nur ihren Trieben und Wünschen gehorchen, sondern jenseits der Psychofront diesen transzendenten Raum entdecken, der mit Nabelschau, Selbstmitleid und bösen Weltgedanken wenig anzufangen weiß.

Transzendenz braucht einen wagemutigen Sprung, ein beherztes Überschreiten enger Grenzkontrollen und Eroberung der ganzen Sinnfülle des Lebens. So einen Schritt machen und hinausgehen in die Welt, beendet das Kreisen um uns selbst.

Sind wir nicht Wesen, die weltoffen sind? Die aktiv diese Welt gestalten wollen und auch sollen? Auch wenn wir dabei an unsere Grenzen gebracht werden und uns als mutlos, resigniert und pessimistisch erfahren. Aber gerade dann passiert das Unerklärliche. Die Macht der Transzendenz – manche nennen sie Gott – verleiht uns Durchhaltekraft und Geborgenheit. Wir fühlen uns nicht nur hineingeworfen in ein sinnloses Leben, sondern getragen von einer wunderbaren Himmelsmacht und erwarten gelassen, was kommen mag.

Öffnen wir uns der Transzendenz, haben wir ein sicheres Zuhause. Wir spüren jenseits irdischer Enge ein Aufgehobensein, in dem Gott uns ansieht und dieser liebende Blick verwandelt uns. Auch wir schauen jetzt hin auf das, was uns hinauswachsen lässt über unsere Selbstverstrickung.

Transzendenz wird uns zu Bewegung und Anziehungskraft. Offen für den Ruf der Transzendenz wird einem klar, das ist ein Ruf, der Gehör findet. Man will sein Leben ändern!

Cornelia Schenk

Das Leben geborgen
in Gottes Hand

Zu jeder Zeit bin ich in Gottes Hand.
Jede Zeit ist gut,
weil sie von Gott gesegnet ist.

Meine Aufgabe ist es,
Ja zu sagen
zu jedem Augenblick,
zu dem, was sich in mir tut,
und Ja zu sagen
zu meinem inneren Lebensrhythmus.

Dann werde ich so leben,
wie es meinem Wesen entspricht.
Und dann lebe ich auch spirituell,
dem Geist Gottes entsprechend,
der mein Wesen gebildet
und ihm einen inneren Rhythmus
eingeprägt hat.

Anselm Grün

Liebe

Gott ist die Liebe;
und wer in der Liebe bleibt,
der bleibt in Gott
und Gott in ihm.

Hohelied

Und wenn ich mir die Sohlen ablaufen würde
nach Geschenken für die Kinder
und für alle meine Verwandten,
wenn ich im Schweiße meines Angesichts
den Christbaum in ein glitzerndes Meer von Kugeln
und Lametta tauchen,
den Tisch stilvoll decken
und ein Weihnachtsessen darauf zaubern würde,
das jeder Schlosskönigin zur Ehre gereichte,
und wenn ich pünktlich zur Christmette käme
und alle Weihnachtslieder
bis zur letzten Strophe mitsingen würde
und den gesamten Inhalt meiner Börse
in den Klingelbeutel kippte,
um jenen zu helfen,
denen es nicht so gut geht wie mir –

hätte aber die Liebe nicht,
so nützte es mir nichts.

Inge Müller

Das Hohelied der Liebe

Wenn ich mit Menschen- und mit Engelzungen redete, und hätte der Liebe nicht, so wäre ich ein tönend Erz oder eine klingende Schelle.

Und wenn ich weissagen könnte und wüßte alle Geheimnisse und alle Erkenntnis und hätte allen Glauben, also daß ich Berge versetzte, und hätte der Liebe nicht, so wäre ich nichts.

Und wenn ich alle meine Habe den Armen gäbe und ließe meinen Leib brennen, und hätte der Liebe nicht, so wäre mir's nichts nütze.

Die Liebe ist langmütig und freundlich, die Liebe eifert nicht, die Liebe treibt nicht Mutwillen, sie blähet sich nicht,

sie stellet sich nicht ungebärdig, sie suchet nicht das Ihre, sie läßt sich nicht erbittern, sie rechnet das Böse nicht zu,

sie freut sich nicht der Ungerechtigkeit, sie freut sich aber der Wahrheit;

sie verträgt alles, sie glaubet alles, sie hoffet alles, sie duldet alles.

Die Liebe höret nimmer auf, so doch die Weissagungen aufhören werden und die Sprachen aufhören werden und die Erkenntnis aufhören wird.

Denn unser Wissen ist Stückwerk, und unser Weissagen ist Stückwerk.

Wenn aber kommen wird das Vollkommene, so wird das Stückwerk aufhören.

Da ich ein Kind war, da redete ich wie ein Kind und war klug wie ein Kind und hatte kindische Anschläge; da ich aber ein Mann ward, tat ich ab, was kindisch war.

Wir sehen jetzt durch einen Spiegel in einem dunkeln Wort; dann aber von Angesicht zu Angesicht. Jetzt erkenne ich's stückweise; dann aber werde ich erkennen, gleichwie ich erkannt bin.

Nun aber bleibt Glaube, Hoffnung, Liebe, diese drei; aber die Liebe ist die größte unter ihnen.

1. Korinther 13

Lasst uns untereinander lieben

Lasst uns untereinander lieben! Denn die Liebe ist von Gott, und wer liebt, der ist von Gott und kennt Gott. Wer nicht liebt, kennt Gott nicht; denn Gott ist Liebe.

Darin wird die Liebe Gottes deutlich, dass Gott uns seinen Sohn geschickt hat, damit wir durch ihn leben. Denn durch ihn sind uns unsere Sünden vergeben. Wenn uns also Gott liebt, so sollen wir uns auch untereinander lieben.

Niemand hat Gott jemals gesehen. Wenn wir uns aber untereinander lieben, so bleibt Gott in uns, und seine Liebe ist völlig in uns.

Wir glauben an die Liebe, die Gott zu uns hat. Gott ist die Liebe; und wer in der Liebe bleibt, der bleibt in Gott und Gott in ihm.

Lasst uns also Gott lieben; denn er hat uns zuerst geliebt. Wenn aber jemand seinen Nächsten nicht liebt, so liebt er Gott nicht.

Nach 1. Johannes 7–21 (Auszug)

Bleibt in meiner Liebe

„Bleibt in meiner Liebe" – das ist vor allem ein Geschenk Jesu an seine Nachfolger und Nachfolgerinnen, weil Gott uns ja zuerst und vorbehaltlos liebt, weil Gott uns sein Wort und seinen Willen in Jesus Christus offenbart und weil er uns täglich neu die Kraft und den Trost durch seinen Geist zusagt, in dem und mit dem wir Gott und einander lieben können.

In unserem Lieben und Geliebtwerden wird das Gottes Reich schon hier und schon jetzt für uns und für andere spürbar, schmeckbar und erfahrbar. In unserem Lieben und Geliebtwerden können wir mit Gott gemeinsam Grenzen überschreiten, jetzt all die konkreten kleinen und großen Grenzen unseres Alltagslebens und dann auch die nur augenscheinlich endgültige Grenze, die der Tod unserem Leben setzt.

Nikolaus Schneider

Um zu lieben,
muss ich verrückt sein

Das Christentum ist wirklich eine verrückte Religion, weil sie die Liebe ins Zentrum rückt. Man wünscht sich, dass die Menschen, die in der Institution Kirche leben und sich von der Botschaft der menschgewordenen Liebe inspirieren lassen, oft auch stärker von dieser Verrücktheit, dieser riskanten, intensiven Art der Lebenszustimmung, der Bejahung des anderen geprägt wären.

Auch der Zölibat ist übrigens etwas Verrücktes. Deshalb stört er auch viele so. Merkwürdig, dass sich all die aufregen, die ihn nicht halten müssen, die nichts mit Kirche am Hut haben. Ein solches Leben in einer Zeit zu leben, in der Sex alles ist – das ist das stärkste Zeichen. Liebe ist ja nicht das Ausleben von Trieben. Liebe ist kreativ. Wenn eine Gesellschaft sich nur dem Trieb überließe, wäre das bloß zerstörerisch.

Der Neutestamentler Otto Kuss brachte es in einem Eintrag in das Gästebuch des Ottilienkollegs folgendermaßen auf den Punkt: „Wer liebt, ist verrückt; und wer nicht ein bisschen verrückt ist, kann nicht lieben."

Notker Wolf

Die Fußwaschung

Und beim Abendessen, als Judas schon beschlossen hatte, Jesus zu verraten, stand Jesus vom Tisch auf, legte seine Kleider ab, und legte eine Schürze an. Dann goss er Wasser in ein Becken und begann den Jüngern die Füße zu waschen. Ihre Füße trocknete er mit der Schürze, die er anhatte.

Da sagte Petrus, als er dessen Füße waschen wollte: „Herr, sollst du mir meine Füße waschen?"

Jesus antwortete: „Was ich tue, das verstehst du jetzt noch nicht."

Da sagte Petrus zu ihm: „Du sollst meine Füße nicht waschen!"

Jesus antwortete ihm: „Wenn ich dich nicht wasche, so hast du keine Gemeinschaft mit mir."

Da sagte Petrus zu ihm: „Herr, wasche nicht nur die Füße, sondern auch die Hände und meinen Kopf!"

Jesus sagte: „Wer sauber ist, braucht nichts außer die Füße waschen, sondern er ist ganz rein. Und ihr seid rein, außer einem."

Nachdem er ihre Füße gewaschen hatte, zog er sich wieder an, setzte sich hin und fragte: „Habt ihr verstanden, was ich für euch getan habe? Ihr nennt mich Meister und Herr. Es stimmt, ich bin's. Wenn nun ich, euer Herr und Meister, euch die Füße wasche, so sollt ihr euch auch untereinander die Füße waschen. Ein Beispiel habe ich euch gegeben, damit ihr so miteinander umgeht, wie ich mit euch umgegangen bin. Denn der Knecht ist nicht größer als sein Herr, und der Apostel ist nicht größer als der, der der ihn gesandt hat. Jetzt wisst ihr's. Selig seid ihr, wenn ihr so handelt!"

Nach Johannes 13,1–17

Gott lieben?

Barmherzig ist der Herr, voller Gnade, geduldig und von großer Güte.

Psalm 103,8

Du sollst Gott lieben, so lese ich in der Bibel. Doch lieben kann ich nur ohne Druck. Vor einem Gott, der mir bei jedem „Ungehorsam" droht, kann ich nur zittern. Und oft hat die Kirche sich Menschen gefügsam gemacht, indem sie mit der Hölle und dem Strafgericht Gottes drohte. Wie gut, dass uns auch die liebevolle, die geduldige und nachsichtige Seite Gottes gezeigt wird! Vielleicht darf ich mir sogar einen lächelnden Gott vorstellen. Denn große Güte ist doch ohne ein Lächeln nicht denkbar.

Einen Gott lieben, der mich erschaffen hat und mich mit einem Lächeln begleitet, das kann ich mir gut vorstellen. Einen Gott lieben, der mir manche Dummheit nachsieht und mich trotz meiner Ausreißversuche nicht aufgibt – liebend gern.

Rainer Haak

Der barmherzige Samariter

Ein Schriftgelehrter stand auf, wollte Jesus prüfen und sagte: „Meister, was muss ich tun, damit ich das ewige Leben erbe?"

Er aber sprach zu ihm: „Wie steht im Gesetz geschrieben? Wie liest du?"

Er antwortete und sprach: „Du sollst Gott, deinen Herrn, lieben von ganzem Herzen, von ganzer Seele, mit aller Kraft und deinen Nächsten wie dich selbst."

Er aber sagte zu ihm: „Du hast richtig geantwortet; tue das, so wirst du leben."

Er aber wollte sich selbst rechtfertigen und sprach zu Jesus: „Wer ist denn mein Nächster?"

Da antwortete Jesus und sagte: „Es war ein Mensch, der ging von Jerusalem nach Jericho und wurde von Mördern überfallen; die zogen ihn aus, schlugen ihn, gingen davon und ließen ihn halbtot liegen.

Ungefähr zur selben Zeit zog ein Priester dieselbe Straße hinab, und als er ihn sah, ging er vorbei. Auch ein Tempeldiener kam an der Stelle vorbei und ließ ihn einfach liegen.

Auch ein Samariter kam auf seiner Reise dort vorbei und als er ihn sah, hatte er Mitleid. Er ging zu ihm, verband ihm seine Wunden und goss Öl und Wein darauf, hob ihn auf sein Tier, brachte ihn in eine Herberge und pflegte ihn.

Als er am nächsten Tag abreiste, zog er zwei Silberstücke heraus und gab sie dem Wirt und sagte: ‚Pflege ihn. Wenn es mehr kostet, werde ich es dir bezahlen, wenn ich wiederkomme.'

Wer ist nun der Nächste von dem gewesen, der überfallen wurde?"

Der Schriftgelehrte sagte: „Der Mitleid mit ihm hatte und im half."

Da sagte Jesus zu ihm: „So gehe hin und handle so!"

Nach Lukas 10,25–37

Nur das Herz erkennt

Auf Erden gehst du
und bist der Erde Geist,
die Erde kennt dich nicht,
die dich mit Strahlen preist.

Auf Sonnen stehst du
und bist der Sonne Geist,
die Sonne kennt dich nicht,
die dich mit Strahlen preist.

Im Winde wehst du
und bist der Lüfte Geist,
die Luft erkennt dich nicht,
die dich mit Atmen preist.

Auf Wasser gehst du
und bist des Wassers Geist,
das Wasser kennt dich nicht,
das dich mit Rauschen preist.

Im Herzen stehst du
und bist der Liebe Geist,
und dich erkennt das Herz,
das dich mit Liebe preist.

Friedrich Rückert

Du sollst (nicht) zweifeln

Weil du den Hass geschaffen hast,
hasse ich dich.

Weil du die Liebe geschaffen hast,
liebe ich dich.

Weil du die Welt geschaffen hast,
gibt es mich.

Weil du den Mörder geschaffen hast,
wird gemordet durch dich.

Weil du die Mutter geschaffen hast,
wird geboren durch dich.

Weil du die Hand geschaffen hast,
wird geschlagen,
gestreichelt
durch dich.

Weil du deinen Sohn geschaffen hast,
weiß ich:
Du liebst mich.

Felix Tolles

Sehnsucht nach Liebe

Es ist, als hätte der Schöpfer,
oder das Leben selbst in weiser Voraussicht,
die Sehnsucht nach Liebe in uns gelegt.
Schon das Baby braucht Zuwendung
oder es verkümmert.
Das Kind braucht Liebe,
um sich richtig zu entwickeln,
und wo sie fehlt, geschieht die Entwicklung nicht,
die nötig ist, um aus dem Kind
einen reifen Menschen werden zu lassen.
Und auch der erwachsene Mensch sehnt sich
nach einer Begegnung in der Tiefe,
nach der Möglichkeit, echt sein zu dürfen
und trotzdem noch angenommen zu sein.

Dabei werden nicht nur Bedürfnisse befriedigt,
sondern in unserer Sehnsucht nach Liebe
wachsen wir über uns selbst hinaus.
Liebe ist der Schlüssel,
der Türen in weite Räume öffnet.
Die Fähigkeit, zu lieben und uns lieben zu lassen,
ist wie eine ausgestreckte Hand in uns,
mit der wir zu erfassen versuchen,
was unser Leben lebenswert macht.

Unsere Sehnsucht ist keine Anwandlung,
ist nicht nur eine Stimmung, die uns überfällt,
sondern unser Erbe und unsere Berufung.
Die reife Sehnsucht ist Ausdruck
unserer inneren Weisheit,
die weiß, was wir brauchen.
In ihr ahnen wir, was unsere Erfüllung ist.
In der Sehnsucht nach echter Liebe
entwickeln wir die Fähigkeiten, die tief in uns liegen.
Die Sehnsucht hält uns wach und offen
für die vielen Möglichkeiten, Leben zu bauen.

Wir ahnen, oft ohne Worte dafür zu haben,
dass wir in der Liebe an das Herz
des Lebens gelangen,
wie durch nichts anderes.

Ulrich Schaffer

Die drei Dimensionen der Liebe

Gottesliebe, Nächstenliebe und Selbstliebe gehören zusammen. Sie sind die drei Dimensionen des In-der-Liebe-Seins. Sie gehören zusammen und sind nicht voneinander zu trennen.

Das heißt: Nächstenliebe, wie wir sie als christliche Nächstenliebe verstehen, verliert ihre Quelle, ihre Kraft, ihre Leichtigkeit, wenn sie ohne die Liebe zu Gott wirken will.

Und es gibt sie ebenso wenig ohne die Liebe zu sich selbst. Nächstenliebe ohne Selbstliebe ist kaum noch zu unterscheiden von zwanghaftem Helfersyndrom, weil es kein Gleichgewicht, kein Innehalten mehr gibt. Denn wir werden nur in dem Maße unseren Nächsten – und auch Gott – lieben können, in dem wir uns selbst in Liebe zugetan sind.

Oder anders gesagt: Jesus verlangt nicht, dass wir unseren Nächsten in dem Maße lieben, in dem Gott uns liebt; keine Überforderung, keine Selbstzerstörung, keine Allmachts-Helfer-Phantasien.

Stattdessen legt er uns ans Herz, unsere Nächsten so sehr zu lieben, wie wir uns selbst zu lieben vermögen. Das macht einen erheblichen Unterschied. Denn es bedeutet, dass das Gebot der Nächstenliebe uns nicht darauf verpflichtet, Gott in Sachen Liebesfähigkeit gleich zu sein (was eine hoffnungslose Überforderung sein dürfte). Der Mensch soll sich aus einer inneren Freiheit, einem inneren Selbstbewusstsein, einer reifen Selbstakzeptanz heraus dem Nächsten zuwenden.

Eckhard Nagel und Katrin Göring-Eckardt

Freude

Ich will nicht aufhören,
dem Leben Farbe zu geben,
damit die Welt froher
und bunter wird.

Maria von Magdala

Maria steht vor dem Grab Jesu und weint. Sie schaut in das Grab und sieht zwei Engel in weißen Gewändern, dort, wo sie die Leiche hingelegt hatten.

Die Engel fragen sie: „Warum weinst du?" Sie antwortet: „Sie haben die Leiche meines Herrn gestohlen und ich weiß nicht, wo sie ihn hingebracht haben."

Sie sagt es, dreht sich um und sieht einen Mann hinter sich stehen. Dieser fragt sie: „Warum weinst du? Wen suchst du?"

Sie denkt, dieser sei der Gärtner und sagt: „Hast du ihn weggetragen? Sag mir, wo du ihn hingelegt hast, damit ich ihn holen kann." Der Mann sagt zu ihr: „Maria!"

Da dreht sie sich erneut um und sagt zu ihm: „Rabbuni (das heißt: Meister)!"

Jesus sagt zu ihr: „Berühre mich nicht! Denn ich bin noch nicht heimgekehrt zu meinem Vater. Gehe aber hin zu meinen Freunden und sage ihnen: Ich kehre zurück zu meinem Vater und zu eurem Vater, zu meinem Gott und zu eurem Gott."

Maria von Magdala geht und verkündigt alles den Jüngern: „Ich habe den Herrn gesehen, er lebt …"

Nach Johannes 20,11–18

Sozusagen grundlos vergnügt

Ich freu mich, daß am Himmel Wolken ziehen
Und daß es regnet, hagelt, friert und schneit.
Ich freu mich auch zur grünen Jahreszeit,
Wenn Heckenrosen und Holunder blühen.
– Daß Amseln flöten und daß Immen summen,
Daß Mücken stechen und daß Brummer brummen.
Daß rote Luftballons ins Blaue steigen.
Daß Spatzen schwatzen. Und daß Fische schweigen.

Ich freu mich, daß der Mond am Himmel steht
Und daß die Sonne täglich neu aufgeht.
Daß Herbst dem Sommer folgt und Lenz dem Winter,
Gefällt mir wohl. Da steckt ein Sinn dahinter,
Wenn auch die Neunmalklugen ihn nicht sehn.
Man kann nicht alles mit dem Kopf verstehn!
Ich freue mich. Das ist des Lebens Sinn.
Ich freue mich vor allem, daß ich bin.

In mir ist alles aufgeräumt und heiter:
Die Diele blitzt. Das Feuer ist geschürt.
An solchem Tag erklettert man die Leiter,
Die von der Erde in den Himmel führt.
Da kann der Mensch, wie es ihm vorgeschrieben,
– Weil er sich selber liebt – den Nächsten lieben.
Ich freue mich, daß ich mich an das Schöne
Und an das Wunder niemals ganz gewöhne.
Daß alles so erstaunlich bleibt, und neu!
Ich freu mich, daß ich … Daß ich mich freu.

Mascha Kaléko

Die Farben des Lebens

An einem dunkelgrauen Tag klagte ich über die Farblosigkeit des Lebens. Ich spielte mit Farben und malte etwas, um mich von der grauen Stimmung draußen abzulenken. Die vielen bunten und leuchtenden Farben begannen in mir Erinnerungen daran zu wecken, dass ich dem Leben Farbe geben wollte, mich aber zu viel mit grauen und dunklen Farben beschäftigte. In diesem Augenblick, als diese Erinnerung wach wurde, hellte sich langsam meine Stimmung auf und der graue, verregnete Tag störte mich nicht mehr.

Die Erinnerung an die Farben in meinem Leben ist wie die Erinnerung an die „erste Liebe". Sie macht mich aufmerksam, dass ich der alten Sehnsucht treu bleiben will und nicht aufhören möchte, dem Leben Farbe zu geben, damit die Welt froher und bunter wird. Und sie weckt auch die Erinnerung daran, dass es Menschen gab und gibt, die meinem Leben frohe und bunte Farben gegeben haben.

Andreas Pohl

Lob dem Schöpfer und Freude über seine Werke

Lobe den HERRN, meine Seele! HERR, mein Gott, du bist sehr herrlich; du bist schön und prächtig geschmückt.

Licht ist dein Kleid, das du anhast; du breitest aus den Himmel wie einen Teppich;

Du wölbest es oben mit Wasser; du fährst auf den Wolken wie auf einem Wagen und gehst auf den Fittichen des Windes;

der du machst Winde zu deinen Engeln und zu deinen Dienern Feuerflammen;

der du das Erdreich gegründet hast auf seinem Boden, daß es bleibt immer und ewiglich.

Mit der Tiefe deckst du es wie mit einem Kleide, und Wasser standen über den Bergen.

Aber von deinem Schelten flohen sie, von deinem Donner fuhren sie dahin.

Die Berge gingen hoch hervor, und die Täler setzten sich herunter zum Ort, den du ihnen gegründet hast.

Du hast eine Grenze gesetzt, darüber kommen sie nicht und dürfen nicht wiederum das Erdreich bedecken.

Du läßt Brunnen quellen in den Gründen, daß die Wasser zwischen den Bergen hinfließen,

daß alle Tiere auf dem Felde trinken und das Wild seinen Durst lösche.

An denselben sitzen die Vögel des Himmels und singen unter den Zweigen.

Du feuchtest die Berge von obenher; du machst das Land voll Früchte, die du schaffest;

du lässest Gras wachsen für das Vieh und Saat zu Nutz den Menschen, daß du Brot aus der Erde bringest,

und daß der Wein erfreue des Menschen Herz, daß seine Gestalt schön werde vom Öl und das Brot des Menschen Herz stärke;

daß die Bäume des HERRN voll Saft stehen, die Zedern Libanons, die er gepflanzt hat.

Daselbst nisten die Vögel, und die Reiher wohnen auf den Tannen.

Die hohen Berge sind der Gemsen Zuflucht, und die Steinklüfte der Kaninchen.

Du hast den Mond gemacht, das Jahr darnach zu teilen; die Sonne weiß ihren Niedergang.

Du machst Finsternis, daß es Nacht wird; da regen sich alle wilden Tiere,

die jungen Löwen, die da brüllen nach dem Raub und ihre Speise suchen von Gott.

Wenn aber die Sonne aufgeht, heben sie sich davon und legen sich in ihre Höhlen.

So geht dann der Mensch aus an seine Arbeit und an sein Ackerwerk bis an den Abend.

HERR, wie sind deine Werke so groß und viel! Du hast sie alle weislich geordnet, und die Erde ist voll deiner Güter.

Das Meer, das so groß und weit ist, da wimmelt's ohne Zahl, große und kleine Tiere.

Daselbst gehen die Schiffe; da sind Walfische, die du gemacht hast, daß sie darin spielen.

Es wartet alles auf dich, daß du ihnen Speise gebest zu seiner Zeit.

Wenn du ihnen gibst, so sammeln sie; wenn du deine Hand auftust, so werden sie mit Gut gesättigt.

Verbirgst du dein Angesicht, so erschrecken sie; du nimmst weg ihren Odem, so vergehen sie und werden wieder zu Staub.

Du lässest aus deinen Odem, so werden sie geschaffen, und du erneuest die Gestalt der Erde.

Die Ehre des HERRN ist ewig; der HERR hat Wohlgefallen an seinen Werken.

Er schaut die Erde an, so bebt sie; er rührt die Berge an, so rauchen sie.

Ich will dem HERRN singen mein Leben lang und meinen Gott loben, solange ich bin.

Meine Rede müsse ihm wohl gefallen. Ich freue mich des HERRN.

Der Sünder müsse ein Ende werden auf Erden, und die Gottlosen nicht mehr sein. Lobe den HERRN, meine Seele! Halleluja!

Psalm 104

Freude über Gottes Zusage

Jeder und jede von uns kann sich auf den Weg machen, dazu werden wir von Gott ermutigt. Die Bibel gibt uns dafür Orientierung, die Tradition gibt uns Halt und wir dürfen auf die Zusage vertrauen, dass Gott uns auf diesem Weg begleitet.

Fragen und Zweifel gehören zu diesem Weg dazu. Und auch Rückschläge, ja Versagen und Verzagen beispielsweise an Gottes Geboten. Für mich ist dabei immer wieder wichtig, dass in der Bergpredigt ganz deutlich wird: Am Beginn der Reise steht Gottes

Zusage an unsere Adresse. Jesus sagt den Menschen nicht als Erstes, was sie tun sollen, sondern zuallererst spricht er ihnen zu, was sie in Gottes Augen sind: „Ihr seid das Licht der Welt!", „Ihr seid das Salz der Erde!" (Matthäus 5)

Nicht Forderungen stehen am Anfang, sondern ein neuer Weg, eine Art Kontrastblick auf unsere Welt: Selig sind, die Leid tragen, denn sie sollen getröstet werden … Oder anders ausgedrückt: Gottes Zuspruch steht immer an allererster Stelle. Dann erst folgt Gottes Anspruch auf unsere Lebensgestaltung.

Margot Käßmann

Freude am Dasein

Erfreuender Gedanke:
Gott rief ins Leben mich!
Mit meinem höchsten Danke
Verehr ich, Vater, dich.
Der du das Lebenslicht
Zur fernsten Sonne sendest,
Du, guter Vater, wendest
Von mir dein Auge nicht.

Du hast mit edlen Freuden
Dies Dasein überhäuft,
Das selbst im Druck der Leiden
Zu Kraft der Tugend reift.
Solch Heil hast du verliehn,
Nicht bloß, es zu besitzen:
Ich soll es weislich nützen,
Und sorgsam es erziehn.

O, dass ich nicht versäume
Das Heil der Erdenzeit!
Es ruhn in ihr die Keime
Zu einer Ewigkeit.
Das ist, was mich erhebt!
Das ist der Trostgedanke,
Der, wenn ich zaghaft wanke,
Mit Kraft mein Herz belebt.

Des Unmuts Träne netze
Mein dankbar Auge nie!
Viel sind der Weisheit Schätze,
Die uns dies Sein verlieh;
Groß ist das Glück zu sein,
Dich Höchster zu erkennen,
und Vater dich zu nennen;
Heil mir! dies Glück ist mein.

Elisa von der Recke

Marias Lobgesang

Und Maria sprach: Meine Seele erhebt den Herrn,

und mein Geist freuet sich Gottes, meines Heilands;

denn er hat die Niedrigkeit seiner Magd angesehen. Siehe, von nun an werden mich selig preisen alle Kindeskinder;

denn er hat große Dinge an mir getan, der da mächtig ist und des Name heilig ist.

Und seine Barmherzigkeit währet immer für und für bei denen, die ihn fürchten.

Er übet Gewalt mit seinem Arm und zerstreut, die hoffärtig sind in ihres Herzens Sinn.

Er stößt die Gewaltigen vom Stuhl und erhebt die Niedrigen.

Die Hungrigen füllt er mit Gütern und lässt die Reichen leer.

Er denkt der Barmherzigkeit und hilft seinem Diener Israel wieder auf,

wie er geredet hat unsern Vätern, Abraham und seinem Samen ewiglich.

Lukas 1,46–55

Das Leben spüren

Stellen Sie sich an einem schönen Frühlingstag in die Natur.

Schließen Sie die Augen.

Öffnen Sie die Hände zur Schale und versuchen Sie, ganz im Augenblick zu sein.

Spüren Sie die Sonne, die auf Sie scheint.

In ihren Strahlen dringt Gottes Liebe in Sie ein.

Spüren Sie den Wind, der Sie zärtlich streichelt.

Öffnen Sie die Augen und schauen auf das Leben, das um Sie herum aufblüht.

Stellen Sie sich vor, dass dieses Leben auch in Ihnen ist.

Nehmen Sie dieses Leben in sich und um sich herum mit allen Sinnen einfach nur wahr.

Wenn Sie für ein paar Sekunden ganz gegenwärtig sind, ohne Gedanken und Überlegungen, sondern einfach nur im Sein, dann wissen Sie, was Leben ist.

Dann berühren Sie das Leben.

Dann ist das Leben, das stärker ist als der Tod, in Ihnen.

Dann verstehen Sie, was Auferstehung ist.

Anselm Grün

Auch die Fröhlichkeit
kommt von Gott

Ist's nun nicht besser dem Menschen, dass er esse und trinke und seine Seele guter Dinge sei in seiner Arbeit? Aber solches sah ich auch, dass es von Gottes Hand kommt. Denn wer kann fröhlich essen und sich ergötzen ohne ihn? Denn dem Menschen, der ihm gefällt, gibt er Weisheit, Vernunft und Freude; aber dem Sünder gibt er Mühe, daß er sammle und häufe, und es doch dem gegeben werde, der Gott gefällt. Darum ist das auch eitel und Haschen nach dem Wind.

Prediger 2,24–26

Darum merkte ich, dass nichts Besseres darin ist denn fröhlich sein und sich gütlich tun in seinem Leben. Denn ein jeglicher Mensch, der da isst und trinkt und hat guten Mut in aller seiner Arbeit, das ist eine Gabe Gottes.

Prediger 3,12–13

Dankbarkeit

Ich danke Gott und freue mich!

Dankbar sein

Du bist der Vater dieser ganzen Welt,
der Sterne und des unendlichen
Weltraums
und so auch unserer Erde,
und Vater für uns Menschen.
Wir danken dir, dass du bei uns bist,
dass du uns hörst, wenn wir reden,
dass du zu uns redest.
Du bist die Kraft,
die diese ganze Welt bewegt.
Du willst, dass wir an deiner Kraft
Anteil haben
und am Reichtum deiner Gedanken.
Dir vertrauen wir.
Auf dich verlassen wir uns,
Vater im Himmel.

Jörg Zink

Verantwortung wahrnehmen

Wir sind bevorzugt vor Milliarden
von Menschen,
die nicht zu essen
und zu trinken haben,
die ohne Arbeit und ohne ärztliche
Versorgung in den Slums
auf dieser Erde umkommen.
Wir bitten also:
Befreie uns von Raffgier
und von unserer Meinung,
alles stehe uns zu.
Gib uns vielmehr das Brot
für den heutigen Tag
und hilf uns, es in Gerechtigkeit
zu verteilen.

Wir leben aber nicht vom Brot allein,
sondern mehr noch von deinem Wort.
Du gibst uns allen nicht nur das Brot,
sondern auch das Wort.
Mach uns zum Brot
für die Hungernden und zum Wort
für die, die unser Wort brauchen.
Gib allen das Brot durch unsere Hände
und durch unser aller Wort.

Jörg Zink

Alle Welt lobt Gott

Kein Tierlein ist auf Erden
Dir, lieber Gott, zu klein,
Du ließt sie alle werden,
und alle sind sie dein.

Zu Dir, zu Dir,
ruft Mensch und Tier;
der Vogel Dir singt,
das Fischlein Dir springt,
die Biene Dir brummt,
der Käfer Dir summt,
auch pfeifet Dir das Mäuslein klein,
Herr Gott, Du sollst gelobet sein!

Clemens Brentano

Wahre Dankbarkeit

Für Freuden danken, recht von Herzen danken,
Es ist nicht schwer.
Für Leiden danken, recht von Herzen danken,
Es ist viel mehr.
Im hellen Sonnenschein die Brüder lieben,
Es ist so leicht;
Doch warmes Herz in Sturm und Flockenstieben
So schwer mich däucht.
Im Glück voll Zuversicht zum Vater schauen,
Es ist nicht viel
Doch auch im Unglück seiner Liebe trauen,
Das sei mein Ziel.
O könnt' ich eines nur von Gott erflehen
Für dich und mich:
Daß wir im Leid auch könnten Liebe sehen
So inniglich,
Daß wir mit wundem Herzen könnten drücken
Des Bruders Hand
Und fröhlich auf durch mächt'ges Grauen blicken
In's bess're Land;
Und daß wir lernten, recht von Herzen danken,
Wenn Glück uns blüht.
Doch daß wir lernten auch für Leiden danken.
Das uns erzieht.

Marie Itzerott

Dank

Mein Gott, Dir sag ich Dank,
Daß Du die Jugend mir bis über alle Wipfel
In Morgenrot getaucht und Klang,
Und auf des Lebens Gipfel,
Bevor der Tag geendet,
Vom Herzen unbewacht
Den falschen Glanz gewendet,
Daß ich nicht taumle ruhmgeblendet,
Da nun herein die Nacht
Dunkelt in ernster Pracht.

Joseph Freiherr von Eichendorff

Atemberaubend

Herr, deine Werke sind so groß! Du hast alles wunderbar gemacht. Überall auf der Erde ist deine Güte sichtbar.

Psalm 104,24

Erbeben, Stürme, klirrender Frost und sengende Hitze – die Erde ist nicht nur ein beschauliches Paradies, in dem es sich angenehm leben lässt. Manche „Paradiese" haben wir Menschen längst selbst zerstört.

Und doch begegnet uns immer wieder die Schönheit und Vielfalt dieser Welt: Es gibt liebenswerte Menschen, die unser Leben bereichern. Es gibt reißende Flüsse und kleine, versteckte Seen. Es gibt Bäume, zu denen wir ehrfurchtsvoll emporblicken. Es gibt Berge und Täler, deren Anblick uns verstummen lässt. Es gibt wilde Tiere und farbenprächtige Blumen. Nachts bestaunen wir einen atemberaubenden Sternenhimmel.

Wie gut, dass ich einem Gott vertrauen darf, der das alles geschaffen hat – und der mir zugleich ganz nah ist!

Rainer Haak

Den Tag genießen

Dies ist der Tag, den der Herr gemacht hat.
Darum lasst uns freuen und fröhlich sein.

Psalm 118,24

Dieser Tag heute ist nicht zuerst eine Ver-
pflichtung, die schwer auf mir lastet, sondern ein wunderbares Geschenk. Viel zu
spät erkennen viele Menschen, dass ihre
Tage gezählt sind. Viel zu spät wird ihnen
deutlich, dass sie ihre Tage mit Langeweile
und sinnlosen Pflichten vertan haben, statt
sich an ihnen zu erfreuen.

Diesen Tag will ich als Geschenk aus
Gottes Hand nehmen. Ich will ihn genießen
und mich meines Lebens freuen. Ich will ei-
nige der guten Möglichkeiten ergreifen, die
dieser Tag mit sich bringt. Das ist so wie bei
jedem Geschenk: Ich lasse es nicht einge-
wickelt in einer Ecke liegen. Und vielleicht
sage ich heute Abend, wenn ich auf den Tag
zurückblicke: Ich fühle mich glücklich und
reich beschenkt.

Rainer Haak

Jesu Salbung durch die Sünderin

Einer der Pharisäer aber bat ihn, zu ihm zum Essen zu kommen. Und er ging zu ihm und setzte sich zu Tisch. Es war auch eine sogenannte Sünderin in der Stadt. Als sie erfuhr, dass Jesus bei dem Pharisäer sei, ging sie mit einem Glas voll Salbe hin. Sie stellte sich hinter Jesus zu seinen Füßen, weinte, benetzte seine Füße mit ihren Tränen und trocknete sie mit ihren Haaren. Auch küsste sie seine Füße und salbte sie mit der Salbe.

Als der Pharisäer dies sah, murmelte er: „Wenn Jesus ein Prophet wäre, dann wüsste er, was für eine Frau das ist, die ihn berührt; denn sie ist eine Sünderin."

Jesus antwortete ihm: „Simon, ich habe dir etwas zu sagen."

Er sagte: „Sprich, Meister."

„Ein Gläubiger hatte zwei Schuldner. Einer schuldete ihm 500 Silberstücke, der andere 50. Beide konnten ihre Schulden nicht bezahlen. Beiden erließ er ihre Schuld. Wer von beiden wird ihn nun am meisten lieben?"

Simon antwortete: „Der, dem er am meisten geschenkt hat."

Jesus antwortete: „Du hast richtig geantwortet."

Und er wandte sich zu der Frau und sagte zu Simon: „Siehst du diese Frau? Ich bin in dein Haus gekommen; du hast mir kein Wasser gegeben für meine Füße; diese aber hat meine Füße mit Tränen benetzt und mit ihren Haaren getrocknet. Du hast mir keinen Kuss gegeben; diese aber, nachdem sie hereingekommen ist, hat nicht aufgehört, meine Füße zu küssen. Du hast mein Haupt nicht mit Öl gesalbt; sie aber hat meine Füße mit Salbe gesalbt. Deshalb, sage ich dir, sind ihr viele Sünden vergeben, denn sie hat viel geliebt. Wem aber wenig vergeben wird, der liebt wenig."

Und er sagte zu ihr: „Dir sind deine Sünden vergeben."

Da fragten sich die untereinander, die am Tisch saßen: „Wer ist dieser Jesus, dass er auch Sünden vergeben kann?"

Jesus aber sagte zu der Frau: „Dein Glaube hat dir geholfen; gehe hin in Frieden!"

Nach Lukas 7,36–50

Ich danke Gott

Ich danke Gott und freue mich
Wie's Kind zur Weihnachtsgabe,
Dass ich hier bin! Und dass ich dich
Schön menschlich Antlitz habe.

Dass ich die Sonne, Berg und Meer,
Und Laub und Gras kann sehen
Und abends unterm Sternenheer
Und lieben Monde gehen.

Gott gebe mir nur jeden Tag.
So viel ich darf zum Leben,
Er gibt's dem Sperling auf dem Dach;
Wie sollt' er's mir nicht geben!

Matthias Claudius

Das Leben ist uns geschenkt

Mit der Beziehung zu Gott ist es ähnlich, denke ich. Da kann ich sagen: danke, dass du mir diese Zeit, dieses Leben geschenkt hast. Diese Zeit will ich dann ganz intensiv wahrnehmen, gestalten: in meinem Handeln, in meinen Beziehungen.

Wenn ich mir der Begrenzung der Zeit bewusst bin, kann ich auch zornig werden und fragen: Was soll das alles? Warum all die Fragen, die Sorgen, die Kraft, die ich brauche? Manche Menschen wollen ihrem Leben sogar selbst ein Ende setzen. Sie haben den Faden zu ihrem Schöpfer verloren, sehen keinen Sinn mehr. Sie sehen ihre Lebenszeit als verlorene Zeit, finden keinen Halt, keine Orientierung.

Ja es tut gut, sich diese Fragen zu stellen. Einmal innezuhalten und zu fragen, wie ich mein Leben eigentlich verstehe. Wenn ich es als Geschenk annehmen kann, als geschenkte Zeit – hat dieser Tag dann einen besonderen Wert? Wenn ich ihn als ein Geschenk sehe, sehe ich auch die Kleinigkeiten, die es wert sind, sich darüber zu freuen. Dann werde ich sensibler mit Blick auf die Menschen, mit denen ich täglich lebe.

Vielleicht kann ich auch manchmal über mich selbst lachen, mich nicht ständig ganz so ernst nehmen. Humorlosigkeit steht Christinnen und Christen nicht gut an. Sie glauben ja nicht an einen Toten, sondern an den Auferstandenen! Schön wäre es, wenn ihnen das anzumerken wäre.

Margot Käßmann

Lobe den Herrn, meine Seele!

Lobe den Herrn, meine Seele, und was in mir ist, seinen heiligen Namen!

Lobe den Herrn, meine Seele, und vergiß nicht, was er dir Gutes getan hat:

der dir alle deine Sünden vergibt und heilet alle deine Gebrechen,

der dein Leben vom Verderben erlöst, der dich krönt mit Gnade und Barmherzigkeit,

der deinen Mund fröhlich macht, und du wieder jung wirst wie ein Adler.

Der Herr schafft Gerechtigkeit und Gericht allen, die Unrecht leiden.

Er hat seine Wege Mose wissen lassen, die Kinder Israel sein Tun.

Barmherzig und gnädig ist der Herr, geduldig und von großer Güte.

Er wird nicht immer hadern noch ewiglich Zorn halten.

Er handelt nicht mit uns nach unsern Sünden und vergilt uns nicht nach unsrer Missetat.

Denn so hoch der Himmel über der Erde ist, läßt er seine Gnade walten über die, so ihn fürchten.

So ferne der Morgen ist vom Abend, läßt er unsre Übertretungen von uns sein.

Wie sich ein Vater über Kinder erbarmt, so erbarmt sich der HERR über die, so ihn fürchten.

Denn er kennt, was für ein Gemächte wir sind; er gedenkt daran, daß wir Staub sind.

Ein Mensch ist in seinem Leben wie Gras, er blüht wie eine Blume auf dem Feld;

wenn der Wind darüber geht, so ist sie nimmer da, und ihre Stätte kennt sie nicht mehr.

Die Gnade aber des HERRN währet von Ewigkeit zu Ewigkeit über die, so ihn fürchten, und seine Gerechtigkeit auf Kindeskind

bei denen, die seinen Bund halten und gedenken an seine Gebote, daß sie darnach tun.

Der HERR hat seinen Stuhl im Himmel bereitet, und sein Reich herrscht über alles.

Lobet den HERRN, ihr seine Engel, ihr starken Helden, die ihr seine Befehle ausrichtet, daß man höre auf die Stimme seines Wortes!

Lobet den HERRN, alle seine Heerscharen, seine Diener, die ihr seinen Willen tut!

Lobet den HERRN, alle seine Werke, an allen Orten seiner Herrschaft! Lobe den HERRN, meine Seele!

Psalm 103

Hoffnung

Denn dies ist der Anfang.
Die Welt ist jung
und gesegnet
wie am ersten Tag der Schöpfung.

Das Herz des Einzelnen

Gott wendet sich dem Einzelnen zu.
Er bewegt nicht die Massen,
sondern zielt auf dein Herz in der Masse.

Er hat deinen Namen auf den Lippen.
Spürst du es in deinem Herzen?
Wenn er dich anspricht, öffnen sich Wege.
Aber gehen musst du sie selbst.
Er geht sie nicht für dich.
Darum hat er dich mit einem Willen begabt.
Doch nur wenn du ihn einsetzt,
wirst du weiterfinden.

Er ist für dich
in deinem Wunsch nach Leben.
Er selbst ist das Leben.
Wenn du wirkliches Leben wünschst,
wünschst du Gott.

Ulrich Schaffer

Hoffnungsgeschichten

Die Geschichte von der Heilung eines Taub-
stummen aus dem Markusevangelium will
und soll nicht von einem einmaligen Ereig-
nis erzählen, das damals vor 2000 Jahren
in Israel stattfand. Wir erinnern diese Geschichte als Kraftquelle für unsere Gegen-
wart und als Wegweisung für unsere Zukunft. Menschen, die zu dem Gottessohn
Jesus Christus gehören und in seiner Nachfolge leben, können darauf vertrauen, dass
Gott auch an ihnen und durch sie Taubheit
und Stummheit heilen will.

Jesus heilte schnell. Er sprach „Hefata – öffne dich!", und sogleich geschah die
Heilung. In den biblischen Jesusgeschichten
verdichtet sich die Zeit, begegnen sich Himmel und und Erde unmittelbar, findet Heilung unmittelbar statt.

In unserem Alltag und bei unserem Handeln ist das häufig anders. Es kann oft lange
dauern, ehe Heilung geschieht, ehe neues
Verstehen und Verstandenwerden wächst.
Wir brauchen manchmal einen langen Atem,
ehe sich uns der Himmel öffnet und ehe der
Himmel uns und durch uns Ohren, Mund
und Herzen für die Himmelsschätze öffnet.

Daher brauchen wir das Erinnern an Gottes Handeln in den alten Geschichten der Bi-

bel, weil es unsere Hoffnung stärkt, Gottes Handeln in unserer Geschichte zu erfahren.

Nikolaus Schneider

Die Heilung eines Taubstummen

Und als Jesus wieder aus der Gegend von Tyrus und Sidon wegging, kam er an das Galiläische Meer, mitten in das Gebiet der zehn Städte.

Und sie brachten zu ihm einen tauben und stummen Menschen und baten ihn, dass er die Hand auf ihn lege.

Die beiden sonderten sich von der Menge ab. Jesus legte ihm die Finger in die Ohren und und berührte seine Zunge. Er blickte in den Himmel, seufzte und sagte: „Hefata!" (das heißt: Tu dich auf!)

Sofort konnte der Mensch hören und richtig sprechen. Und er verbot ihnen, es jemandem zu erzählen. Je mehr er es aber verbot, desto mehr erzählten sie es. Und sie wunderten sich sehr und sagten: Er hat alles wohl gemacht; die Tauben macht er hörend und die Sprachlosen redend.

Nach Markus 7,31–37

Dein Reich komme

Wir suchen Frieden für diese Erde,
Gerechtigkeit für die Menschen
und eine lebendige Schöpfung
um uns her.
Wir können es nicht hinnehmen,
dass unsere Staaten und Gesellschaften
durch Unrecht und Gewalt bestehen,
dass Menschen in Kriegen
zugrunde gehen
oder am Hunger oder dadurch,
dass unsere heutige Lebensweise
ihre Lebensgrundlage zerstört.

Wir wissen aber zugleich,
dass der Unfriede auch von uns selbst
ausgeht,
dass das Unrecht und die Gewalt
ihren Ursprung auch in uns selbst
haben.

Auch wir Christen sind weit entfernt,
Boten des Friedens zu sein
oder Erbauer deines Reiches.

Dein Reich kann niemand schaffen
außer dir selbst.
Dein Reich,
in dem die Angst der Kreatur
aufgehoben ist und die Hoffnung
der Menschen erfüllt,
ist das Ziel, in das alle Dinge münden.
Wir bitten nicht:
Lass uns in den Himmel kommen!
Sondern: Lass dein Reich kommen
zu uns auf diese Erde
und vollende diese Welt zu deinem
Reich!

Jörg Zink

Unstet in meinen Schritten

Unstet in meinen Schritten,
Herr, hab ich oft gefehlt,
Du hast durch mich gelitten,
Ach! Wunden ungezählt.

Lass mich nicht lang mehr wallen,
Führ mich an deiner Hand,
Wo ich nicht mehr kann fallen,
Heim in dein Vaterland.

Lass nicht mein Herz erkalten,
Herr Jesu! du allein
Mach Wesen aus Gestalten,
Und führ den Schein ins Sein.

Es bleichten meine Tränen
Den Schleier nimmer rein,
Herr, schenke meinem Sehnen
Der Gnade Sonnenschein.

Herr, werfe mir herüber
Ein Blatt aus deinem Kranz,
Geschmückt darf ich hinüber
Dann in der Bräute Glanz.

Clemens Brentano

Eine Spur vom Reich Gottes legen

Gott ist treu, heißt es in der Bibel. Wenn ich das weiß, kann ich gelassener werden. Und auch diese elende Angst ablegen, stark sein zu müssen, mich zu beweisen.

Oder vielleicht auch aufhören, immer woanders das Bessere zu suchen – in einem anderen Land, mit einer anderen Frau, bei einem anderen Job. Es geht darum, unser Leben zu ordnen in all dem Durcheinander.

Dazu gibt Gott Orientierung. Und diesen Lebensstil, diese Überzeugungskraft des Glaubens braucht unsere Zeit heute. Gerade wo Menschen verunsichert sind, braucht es solche, die wissen, wo sie stehen, die einen festen Boden unter den Füßen haben, um den Herausforderungen des Lebens zu begegnen.

Übrigens gibt es auch ganz weltliche Autoren und Medien, die diese Suche nach Halt und Orientierung formulieren.

„Herr der Ringe" von Tolkien wurde jüngst im ZDF als bestes Buch aller Zeiten nominiert. In der Filmversion sagt der Hobbit Sam im Teil II gegen Ende: „Es gibt etwas Gutes in der Welt, Herr Frodo. Und dafür lohnt es sich zu kämpfen."

Das würden wohl viele Christinnen und Christen ebenso sagen können. Für sie bindet sich das Gute aber konkret an die Vision des Reiches Gottes, für die wir schon jetzt und hier eintreten wollen. Sie sehen „das Gute" in dem Menschen Jesus Christus, der für andere eingetreten ist, die Schwachen geachtet hat, die Sanftmütigen glücklich nannte. Das Gute als die Vision vom Reich Gottes, in dem sich Frieden und Gerechtigkeit küssen werden, wie es ein Psalm ausdrückt. Das Gute als die Zukunft Gottes, in der niemand mehr hungern muss, kein Mensch leidet.

Die Visionen der Bibel sind dabei keine Utopie. Sie sind Anleitungen zum Leben und Handeln jetzt und in unserer Welt, damit wir Spuren dieses Reiches legen.

Margot Käßmann

Motor der Zuversicht

Hoffnung als eine der göttlichen Tugenden ist eine vitale Kraft, aber in ihrer Vollendung ein Geschenk der Gnade. Sie ist Gnade, aber doch auch etwas Aktivierendes.

Ich vertraue auf vieles, ich vertraue einer Beziehung, einem anderen Menschen. Ich glaube an diesen Menschen, weil er es ist, der das sagt. Aber das bewegt auch etwas in mir. Hoffnung ist ein Motor, aus der Zuversicht heraus, dass das, was ich tue, Sinn macht. Diese Motivation zum Handeln wächst aus einer Vision heraus.

Die christliche Vision ist letztlich die Vision von der Vollendung der Welt. Auch wenn Hoffnung also Gnade ist, hängt sie nicht in der Luft, sondern setzt die Natur voraus – unsere Mitwirkung also. Man muss auch etwas tun, damit Visionen und Träume Wirklichkeit werden.

Notker Wolf

Paradiesgarten

Sich das Paradies, in dem Adam und Eva vor dem Sündenfall sorglos lebten, als einen Garten vorzustellen, hat etwas mit dem alten iranischen Wort *Pardaidha* zu tun, das in vielen Sprachen als Paradies seinen Eingang fand.

Das verwundert nicht, wenn man sich mit der persischen Gartengestaltung befasst, die als wesentlicher Bestandteil der persischen Kultur 3000 Jahre lange perfektioniert wurde. Zauber-, Tier- und Lustgärten wurden angelegt, in denen sich Wasserspiele, Höfe, Pavillons, Alleen, farbige Blumenpracht, exotische Früchte und sinnliche Düfte zu Oasen der Erholung, Entspannung und auch der Spiritualität verbanden.

Ihre Gefühlswirkung muss so groß gewesen sein, dass man eben darin einen paradiesischen Zustand erkannte, ein Gefühl der Harmonie und Vollkommenheit, die ein Stück weit über diese Welt hinauswies. Bis heute verkörpert das weltberühmte *Taj Mahal* so einen persischen Garten.

Nur den berühmten Garten Eden, das in der Bibel erwähnte Paradies, werden wir wohl nie finden. Als ein Ort der Unschuld, der Wonne und lieblichen Anmut ist er für immer dem Menschen verwehrt.

Warum eigentlich? Liegt es wirklich an diesem einen angebissenen Apfel, der uns für immer um paradiesische Zustände brachte? Im Angesicht des Schweißes unser Brot zu verdienen, empfand der Mensch noch nie als attraktive Alternative.

Wobei noch deutlich gesagt sein muss, dass seit Adams und Kains Zeiten, der Kampf um den täglichen Lebensunterhalt eher schwieriger geworden ist. Zwar muss der Mensch sich nicht mehr die Hände dreckig machen, aber er kann offensichtlich nicht mit Geld umgehen. Das bescheinigen ihm psychologische Studien – und die Wirklichkeit.

Aber auch wenn wir die Macht- und Geldgier des Menschen tadeln müssen, sie gehört nun einmal zur menschlichen Freiheit und beweist nur, dass wir nicht für das Paradies, sondern für die Freiheit geschaffen wurden.

Freiheit ist die Grundlage der menschlichen Existenz, aber dummerweise hat sie einen hohen Preis. Sie verlangt eigenverantwortliches Handeln in Bezug auf das Gute und Böse. Entscheidungsfreiheit hat die Schuldfähigkeit, den Irrtum, das Scheitern im Gepäck, sowie das Böse und Dunkle.

Paradiesische Zustände werden oft gleichgesetzt mit einer sorglosen Kindheit, mit der ursprünglichen Lebensweise von Naturvölkern, mit der unberührten Natur, aber irgendwann wird der Biss in den Apfel der Erkenntnis fällig. Er rettet uns vor Langeweile, Lebensekel durch Überbehütung und Verwöhnung. Wir bekommen ein Bewusstsein unserer Selbst und so machen wir uns auf die Lebensreise, die alles andere als paradiesisch ist. Doch bei allem, was uns begegnet, lernen wir, wachsen wir, reifen wir, entwickeln wir uns weiter.

Aufgebrochen vom Garten Eden, der auf immer unbetretbar bleibt, hoffen gläubige Menschen nun hinzufinden zum Himmelreich Gottes. Das ist das neue Paradies, das ewiglich jedem offenstehen soll. Denn wer sich ein Leben lang strebend bemüht hat, so lautet das Versprechen, den können wir erlösen.

Cornelia Schenk

A & O

Einen neuen Himmel,
eine neue Erde.

Gott bei den Menschen
die Menschen bei Gott.

Nur Trost,
kein Tod.
Leid, Schmerz – unbekannt.

Alles neu!

Denn:
Ich bin das A und das O,
der Anfang und das Ende.
Den Durstigen
gebe ich vom Brunnen
des lebendigen Wassers.
Ich werde ihr Gott sein
sie werden meine Kinder sein.

Wer's glaubt,
der wird selig!

Felix Tolles

„Seht, ich mache alles neu"

Das Eis des Winters schmilzt
wie das Eis der Herzen.

Der Stacheldraht,
den wir um unsere Seelen gelegt hatten,
trägt duftende Kirschblüten.

Die Farben kehren zurück
und verzaubern das Grau.

Hell und Dunkel,
Tag und Nacht versöhnen sich.

Niemand geizt mehr mit Wärme
oder Zärtlichkeit.

Das lange Schweigen füllt sich
mit dem Lachen der Kinder
den geflüsterten Worten der Liebenden
und dem Lied der Vögel.

Die Schwalben kehren zurück
wie die verloren Geglaubten.

Zeit dehnt sich endlos aus,
summend wie die erste Biene.
Denn dies ist der Anfang.
Die Welt ist jung
und gesegnet
wie am ersten Tag der Schöpfung.

Und wir
mit ihr.

Inge Müller

Quellenverzeichnis

Wir danken folgenden Verlagen und Autoren für die freundlich erteilte Abdruckerlaubnis.

Bonhoeffer, Dietrich S. 12, Von guten Mächten, aus: Ders., Widerstand und Ergebung, ©1998, Gütersloher Verlagshaus, Gütersloh, in der Verlagsgruppe Random House GmbH

Grün, Anselm S. 29, Das Leben geborgen in Gottes Hand (redaktionell), aus: Ders., Einfach leben. Das große Buch der Spiritualität und Lebenskunst, hrsg. von Rudolf Walter, ©Verlag Herder GmbH, Freiburg im Breisgau, 2011, S. 338
S. 61, Das Leben spüren, aus: Ders., Einfach leben. Das große Buch der Spiritualität und Lebenskunst, hrsg. von Rudolf Walter, ©Verlag Herder GmbH, Freiburg im Breisgau, 2011, S. 218

Haak, Rainer, S. 20, Nichts ist sicher, aus: Ders./Renate und Georg Lehmacher, 40 Tage mit der Bibel. Ein Fastenkalender, ©2011, Verlag Ernst Kaufmann, Lahr
S. 39, Gott lieben?, aus: Ders./Renate und Georg Lehmacher, 40 Tage mit der Bibel. Ein Fastenkalender, ©2011, Verlag Ernst Kaufmann, Lahr
S. 69, Atemberaubend, aus: Ders./Renate und Georg Lehmacher, 40 Tage mit der Bibel. Ein Fastenkalender, ©2011, Verlag Ernst Kaufmann, Lahr
S. 70, Den Tag genießen, aus: Ders./Renate und Georg Lehmacher, 40 Tage mit der Bibel. Ein Fastenkalender, ©2011, Verlag Ernst Kaufmann, Lahr

Kaléko, Mascha S. 50, Sozusagen grundlos vergnügt, aus: Dies., In meinen Träumen läutet es Sturm, ©1977 Deutscher Taschenbuch Verlag, München

Käßmann, Margot S. 56, Freude über Gottes Zusage (redaktionell), aus: Dies., Wurzeln, die uns Flügel schenken, ©2004, Gütersloher Verlagshaus, Gütersloh, in der Verlagsgruppe Random House GmbH
S. 74, Das Leben ist uns geschenkt (redaktionell), aus: Dies., Wurzeln, die uns Flügel schenken, ©2004, Gütersloher Verlagshaus, Gütersloh, in der Verlagsgruppe Random House GmbH
S. 85, Eine Spur vom Reich Gottes legen (redaktionell), aus: Dies., Wurzeln, die uns Flügel schenken, ©2004, Gütersloher Verlagshaus, Gütersloh, in der Verlagsgruppe Random House GmbH

Müller, Inge   S. 31, Hohelied, aus: Dies., Im Advent die Stille spüren. Texte zum Innehalten, ©2011 Verlag Ernst Kaufmann, Lahr
S. 92, „Seht, ich mache alles neu", aus: Dies., Im Advent die Stille spüren. Texte zum Innehalten, ©2011 Verlag Ernst Kaufmann, Lahr

Nagel, Eckhard/Göring-Eckardt, Katrin   S. 21, Wir sind Kinder Gottes (redaktionell), aus: Dies., Aber die Liebe … Christsein aus ganzem Herzen, ©KREUZ VERLAG in der Verlag Herder GmbH, Freiburg im Breisgau, 2010, S. 60f.
S. 46, Die drei Dimensionen der Liebe (redaktionell), aus: Dies., Aber die Liebe … Christsein aus ganzem Herzen, ©KREUZ VERLAG in der Verlag Herder GmbH, Freiburg im Breisgau, 2010, S. 127f.

Pohl, Andreas   S. 52, Die Farben des Lebens, aus: Ders., Spüre das Leben, ©2011 Verlag Ernst Kaufmann, Lahr

Schaffer, Ulrich   S. 44, Sehnsucht nach Liebe (redaktionell), aus: Ders., Das Buch der Liebe. Unsere Sehnsucht nach Nähe, ©2006 Verlag Ernst Kaufmann, Lahr
S. 79, Das Herz des Einzelnen, Ders., aus: … weil du einmalig bist, ©2007 (2. Auflage 2011) Verlag Ernst Kaufmann, Lahr

Schenk, Cornelia   S. 26, Transzendenz, aus: Dies., Himmlische Botschaften für den irdischen Alltag, ©2009 Verlag Ernst Kaufmann, Lahr
S. 88, Paradiesgarten, aus: Dies., Himmlische Botschaften für den irdischen Alltag, ©2009 Verlag Ernst Kaufmann, Lahr

Schneider, Nikolaus   S. 24, Eine Tür zum Himmel (redaktionell), aus: Ders., Von Erdenherzen und Himmelsschätzen, ©Neukirchener Verlagsgesellschaft, Neukirchen-Vluyn 2011
S. 35, Bleibt in meiner Liebe (redaktionell), aus: Ders., Von Erdenherzen und Himmelsschätzen, ©Neukirchener Verlagsgesellschaft, Neukirchen-Vluyn 2011
S. 80, Hoffnungsgeschichten (redaktionell), aus: Ders., Von Erdenherzen und Himmelsschätzen, ©Neukirchener Verlagsgesellschaft, Neukirchen-Vluyn 2011

Tolles, Felix   S. 16, Josef, ©beim Autor
S. 43, Du sollst (nicht) zweifeln, ©beim Autor
S. 91, A & O, ©beim Autor

Wolf, Notker   S. 18, Wir können nur glauben, nicht wissen (redaktionell), aus: Ders., Die sieben Säulen des Glücks. Tugenden zum

Leben, hrsg. von Rudolf Walter, ©Verlag Herder GmbH, Freiburg im Breisgau, ²2011, S. 137

S. 36, Um zu lieben, muss ich verrückt sein (redaktionell), aus: Ders., Die sieben Säulen des Glücks. Tugenden zum Leben, hrsg. von Rudolf Walter, ©Verlag Herder GmbH, Freiburg im Breisgau, ²2011, S. 153f.

S. 87, Motor der Zuversicht (redaktionell), aus: Ders., Die sieben Säulen des Glücks. Tugenden zum Leben, hrsg. von Rudolf Walter, ©Verlag Herder GmbH, Freiburg im Breisgau, ²2011, S. 183

Zink, Jörg S. 14, Die Grundlage fürs Leben (redaktionell), aus: Ders., Glauben heißt vertrauen, ©2009, Gütersloher Verlagshaus, Gütersloh, in der Verlagsgruppe Random House GmbH

S. 15, Gott ist Leben (redaktionell), aus: Ders., Glauben heißt vertrauen, ©2009, Gütersloher Verlagshaus, Gütersloh, in der Verlagsgruppe Random House GmbH

S. 64, Dankbar sein (redaktionell), aus: Ders., Glauben heißt vertrauen, ©2009, Gütersloher Verlagshaus, Gütersloh, in der Verlagsgruppe Random House GmbH

S. 65, Verantwortung wahrnehmen (redaktionell), aus: Ders., Glauben heißt vertrauen, ©2009, Gütersloher Verlagshaus, Gütersloh, in der Verlagsgruppe Random House GmbH

S. 82, Dein Reich komme (redaktionell), aus: Ders., Glauben heißt vertrauen, ©2009, Gütersloher Verlagshaus, Gütersloh, in der Verlagsgruppe Random House GmbH